Duett
Schülerbuch 1/2
für die Grundschule

Herausgegeben von Friedrich Neumann

Erarbeitet von
Friedrich Neumann (Glienicke bei Berlin)
Lie Bruns (Düsseldorf)
Manuela Kögel (Panketal bei Berlin)
Bernhard Pickro (Frankfurt/Main)

Unter Beratung von
Heinz-Peter Dobbelstein (Wuppertal)
Anja Oettinger (Aalen)
Wolfgang Pfeiffer (Neumarkt)
Anne Popielski (Bingen am Rhein)
Nina Röhrig (Limburg)
Stefan Ruppaner (Wutöschingen)
Stephan Schuder (Bramsche)
Ingeborg Streicher (Stuttgart)
Anne Schwarze (Löhne)
Margot van de Berg (Köln)
Kurt-Uwe Witt (Hannover)

Ernst Klett Verlag
Stuttgart · Leipzig

Quellenverzeichnis

S. 6: Anders als du. T+M: Robert Metcalf, © Metcalf; **S. 9:** Hurra, ich bin ein Schulkind. T: mündlich überliefert; M: nach „Ein Männlein steht im Walde"; **S. 13:** Guten Morgen. T+M: Uli Führe, © Fidula Verlag, Boppard/ Rhein; **S. 22:** Herr Bst. T+M: Uli Führe, © Fidula Verlag, Boppard/ Rhein; **S. 26:** Gib auf deinen Körper acht. T+M: Manuela Kögel, © Ernst Klett Grundschulverlag, Leipzig; **S. 29:** Hexenhaus. T: Bernhard Pickro, © Klett; **S. 32:** Hey, hey, Wickie. T: Andrea Wagner, M: Christian Bruhn, © Edition Junior TV/ Filmkunst Musikverlag, München; **S. 34:** Blinke, blinke kleiner Stern. T+M: aus Ungarn, dt. T: Wilhelm Twittenhoff, © Gustav Bosse Verlag, Kassel; **S. 37:** Lampen aus, es schlafen alle Leute. T+M: W. Sefwe, Tf: M. Kontio, © CD Weltweite Weihnacht, Uccello Verlag; **S. 38:** Coura bissa. T+M: aus Afrika; **S. 44:** Ritter Giselher. T: Ulrike Meyerholz, M: Werner Beidinger, © Meyerholz/ Beidinger; **S. 50:** Twist Annabelle. T: Friedrich Neumann-Schnelle/ Bettina Ohligschläger, M: Friedrich Neumann-Schnelle, © Studio Neumann, Berlin; **S. 59:** Aprilwetter. T+M: Manuela Kögel, © Ernst Klett Grundschulverlag, Leipzig; **S. 60:** Osterhase Franz Meier. T: mündlich überliefert, M: Christine Paetzel; **S. 66:** Zwei kleine Wölfe. T: Werner Rizzi, M: mündlich überliefert, © Fidula Verlag, Boppard/ Rhein; **S. 68:** Salibonani. T+M: aus Simbabwe, dt. T: Christoph Studer, © Fidula Verlag, Boppard/ Rhein; **S. 72:** Vem kan segla. T+M: mündlich überliefert; **S. 76:** Nelly Sommer. T+M: Uli Führe, © Fidula Verlag, Boppard/ Rhein; **S. 85:** Bei den Wirags. T: Ernst Hoffmann, M: aus Ungarn, © Boosey & Hawkes. Bote & Bock, Berlin; **S. 88:** Röhren-Song. T+M: Lie Bruns, © Ernst Klett Grundschulverlag, Leipzig; **S. 93:** Apfelmus. T+M: Manuela Kögel, © Ernst Klett Grundschulverlag, Leipzig; **S. 93:** Ich und du. T: mündlich überliefert, M: Manuela Kögel; **S. 93:** Laterne. T: mündlich überliefert, M: Manuela Kögel; **S. 94:** Nikolauslied. T+M: Manuela Kögel, © Ernst Klett Grundschulverlag, Leipzig; **S. 94:** Räuberlied. T+M: Manuela Kögel, © Ernst Klett Grundschulverlag, Leipzig; **S. 94:** Spiel zu zweit. T+M: Manuela Kögel, © Ernst Klett Grundschulverlag, Leipzig; **S. 95:** Hänsel und Gretel. T+M: mündlich überliefert; **S. 95:** Jingle Bells. Dt.T: Verfasser unbekannt, M: mündlich überliefert

Bildquellennachweis

6.1 Klett-Archiv (David Ausserhofer, Berlin), Stuttgart; 23.2 Nauen, Heinrich: Herbstwald, © VG Bild-Kunst, Bonn 2009, AKG, Berlin; 32.2 Cinetext GmbH (Constantin Film/medianetworx), Frankfurt; 48.1 dpa Picture-Alliance GmbH (maxppp), Frankfurt; 57.1 Ullstein Bild GmbH (Granger Collection), Berlin; 64.9; 64.10; 64.12; 64.13 Fotolia LLC (MUE), New York; 64.11 akg-images Archiv für Kunst und Geschichte (Erik Bohr), Berlin; 64.14 Fotolia LLC (James Steidl), New York; 64.15 Fotolia LLC (Vladislav Lebedinskiy), New York; 69.18; 69.19 Klett-Archiv (David Ausserhofer, Berlin), Stuttgart; 74.1; 74.5; 74.9; 74.14; 74.17 Klett-Archiv (Friedrich Neumann, Berlin), Stuttgart; 75.1; 75.3; 75.5; 75.7; 75.10 Klett-Archiv (Friedrich Neumann, Berlin), Stuttgart; 77.1 Klett-Archiv (David Ausserhofer, Berlin), Stuttgart; 80.1 Klett-Archiv (David Ausserhofer, Berlin), Stuttgart; 81.1; 81.2; 81.3; 81.4; 81.5; 81.6; 81.7; 81.8; 81.9; 81.10 Klett-Archiv (David Ausserhofer, Berlin), Stuttgart; 86.1 Klett-Archiv (David Ausserhofer, Berlin), Stuttgart; 90.1; 90.2; 90.3 Klett-Archiv (David Ausserhofer, Berlin), Stuttgart; 91.1; 91.2 Klett-Archiv (David Ausserhofer, Berlin), Stuttgart; 91.3 Corel Corporation Deutschland, Unterschleissheim; 91.4 Fotolia LLC (Stephanie Bandmann), New York; 93.1; 93.4; 93.7 Klett-Archiv (David Ausserhofer, Berlin), Stuttgart; 94.1; 94.3 Klett-Archiv (David Ausserhofer, Berlin), Stuttgart

Nicht in allen Fällen war es uns möglich, den Rechteinhaber der Abbildungen ausfindig zu machen. Berechtigte Ansprüche werden selbstverständlich im Rahmen der üblichen Vereinbarungen abgegolten. Die Positionsangabe der Bilder erfolgt je Seite von links nach rechts, von oben nach unten.

1. Auflage 1 6 5 4 3 2 | 15 14 13 12

Alle Drucke dieser Auflage sind unverändert und können im Unterricht nebeneinander verwendet werden.
Die letzte Zahl bezeichnet das Jahr des Druckes.
Das Werk und seine Teile sind urheberrechtlich geschützt. Jede Nutzung in anderen als den gesetzlich zugelassenen Fällen bedarf der vorherigen schriftlichen Einwilligung des Verlages. Hinweis § 52 a UrhG: Weder das Werk noch seine Teile dürfen ohne eine solche Einwilligung eingescannt und in ein Netzwerk eingestellt werden. Dies gilt auch für Intranets von Schulen und sonstigen Bildungseinrichtungen. Fotomechanische oder andere Wiedergabeverfahren nur mit Genehmigung des Verlages.

© Ernst Klett Verlag GmbH, Stuttgart 2010. Alle Rechte vorbehalten. www.klett.de

Autorinnen und Autoren: Erarbeitet von Friedrich Neumann, Lie Bruns, Manuela Kögel, Bernhard Pickro

Redaktion: Berit Haberlag, Christine Luther
Herstellung: Arite Wald

Gestaltung: Julia-Sophie Kuon, Berlin
Umschlaggestaltung: Julia-Sophie Kuon, Berlin
Illustrationen: Juliane Assies, Berlin; Marika Blau, Hamburg; Susanne Wechdorn, Wien; Manfred Tophoven, Straelen
Satz: Mundschenk Druck+Medien, Kropstädt
Reproduktion: Mundschenk Druck+Medien, Kropstädt
Druck: Offizin Andersen Nexö, Leipzig

Printed in Germany
ISBN 978-3-12-173320-0

Inhalt

Zeichenerklärung:

- Diese Lieder findest du auf den CDs und der DVD zum Schülerbuch.
- Hier kannst du ein Lied begleiten oder es gibt Vorschläge zum Musizieren.
- Hier gibt es eine Tanzanleitung oder Vorschläge für Bewegungen.
- Hier kannst du basteln oder malen.
- Hier kannst du ein Lied mit Körperklängen begleiten.
- Hier kannst du ein Lied mit Boomwhackers begleiten.
- Hier bekommst du zusätzliche Informationen.

Ich, du, wir

Anders als du	6
Schulerkundung	8
Musik um uns	10

Unterwegs

Der Tag fängt an	12
Schulweg	14
Sicher durch den Verkehr	16

Herbst

Waldspaziergang	18
Blätter-Rhythmus	20
Herr Bst	22

Guten Appetit

Kartoffeltanz	24
Gesunde Ernährung	26

Fantasiegestalten

Hexen und Geister	28
Die Hütte der Baba Yaga	30
Hey, hey, Wickie	32

Winter

Projekt: Die Weihnachtsgeschichte der kleinen Birke	34

Aus alten Zeiten

Ritter und Burgfräulein.................................40
Ritter und Spielleute...................................42
Ritter Giselher...44

In Bewegung

Warm-up..46
An Dro...48
Twist Annabelle..50
Trashin' the camp – Krach im Lager....................52

Frühling

Alle Vögel sind schon da...............................54
Der Frühling...56
Frühlingsklänge..58

Tierisch musikalisch

Osterhase Franz Meier..................................60
Stell dir vor …..62
Peter und der Wolf.....................................64
Zwei kleine Wölfe......................................66

Andere Länder

Afrika – Simbabwe......................................68
Asien – Indonesien.....................................70
Europa – Schweden......................................72

Sommer

Einen Film vertonen....................................74
Nelly Sommer...76

Workshops

Körperklänge...78
Instrumente..80
Klang..82
Kurze und lange Klänge.................................84
Boomwhackers...86
Blockflöte...90

Musikalische Aktivitäten auf einen Blick

Lieder

Anders als du...6
Guten Morgen...13
Herr Bst...22
Gib auf deinen Körper acht.............................26
Hey, hey, Wickie.......................................32
Blinke, blinke kleiner Stern...........................34
Lampen aus, es schlafen alle Leute.....................37
Coura bissa..38
Ritter Giselher..44
Twist Annabelle..50
Aprilwetter..59
Osterhase Franz Meier..................................60
Zwei kleine Wölfe......................................66
Salibonani...68
Vem kan segla..72
Nelly Sommer...76
Bei den Wirags...85
Röhren-Song..88

Nikolauslied....................94
Räuberlied....................94
Spiel zu zweit....................94
Hänsel und Gretel....................95
Jingle Bells....................95

Stimmaktionen

Schulerkundung....................8
Der Tag fängt an....................12
Schulweg....................14
Waldspaziergang....................18
Hexen und Geister....................28
Alle Vögel sind schon da....................54
Einen Film vertonen....................74

Musik machen mit Instrumenten

Anders als du....................7
Schulweg....................14
Waldspaziergang....................18
Blätter-Rhythmus....................21
Herr Bst....................22
Gesunde Ernährung....................27
Die Hütte der Baba Yaga....................30
Hey, hey, Wickie....................33
Projekt: Die Weihnachtsgeschichte
der kleinen Birke....................34
Ritter und Spielleute....................43
Ritter Giselher....................45
An Dro....................48
Der Frühling....................56
Frühlingsklänge....................58
Stell dir vor....................63
Peter und der Wolf....................65
Zwei kleine Wölfe....................67
Afrika – Simbabwe....................69
Asien – Indonesien....................70
Einen Film vertonen....................74
Nelly Sommer....................77
Boomwhackers....................86
Blockflöte....................90

Bewegungen und Tänze

Anders als du....................7
Der Tag fängt an....................13
Kartoffeltanz....................24
Projekt: Die Weihnachtsgeschichte
der kleinen Birke....................39
Ritter und Burgfräulein....................41
Ritter und Spielleute....................42
Warm-up....................46
An Dro....................49
Twist Annabelle....................51
Trashin' the camp – Krach im Lager....................53
Der Frühling....................57
Afrika – Simbabwe....................68

Musikalische Spielszenen

Hexen und Geister....................29
Die Hütte der Baba Yaga....................30
Projekt: Die Weihnachtsgeschichte
der kleinen Birke....................34
Peter und der Wolf....................65
Einen Film vertonen....................74

Musik hören

Musik um uns....................10
Waldspaziergang....................18
Herr Bst....................23
Kartoffeltanz....................24
Die Hütte der Baba Yaga....................30
Ritter und Burgfräulein....................40
Ritter und Spielleute....................42
Der Frühling....................57
Peter und der Wolf....................64
Asien – Indonesien....................70

Anders als du

T + M: Robert Metcalf
© Metcalf

1. Ich bin anders als du bist anders als er ist anders als sie!
Sie ist anders als er ist anders als du bist anders als ich!
Wir, wir, wir sind anders als ihr, ihr, ihr seid anders als wir. Na, und? Das macht das Leben eben bunt!

2. ... ist anders als ... ist ... ist ... ist ...

3. ... ist anders als ... ist ... ist ... ist ...

① Was ist anders an deinem Nachbarn oder deiner Nachbarin? Beschreibe.

Ich bin anders als   du bist anders als   er ist anders als   sie!

Sie ist anders als   er ist anders als   du bist anders als   ich!

Wir, wir,   wir sind anders als   ihr, ihr,   ihr seid anders als

wir!   Na, und?   Das macht das Leben eben bunt!   (Übergang)

❷ Begleitet das Lied auch mit diesen Instrumenten.

❸ Erfindet Strophen, die von Dingen handeln, die anders sind.

Lied mit Gesten und Instrumenten begleiten. Strophen erfinden. Workshop Boomwhackers

Schulerkundung

1/2–9

❶ Besucht in eurer Schule möglichst viele der abgebildeten Orte.
  Schließt die Augen. Merkt euch die Geräusche.

❷ Macht die verschiedenen Schulgeräusche mit Körperklängen und Stimme nach.

Die auditive Wahrnehmung schulen. Workshops Körperklänge/Instrumente

3 Hör mal, wo du bist
Ein Schüler geht mit verbundenen Augen auf ein Geräusch zu und sagt, zu welchem Ort der Schule das Geräusch passt.

Hurra, ich bin ein Schulkind

T: mündlich überliefert
M: nach „Ein Männlein steht im Walde"

1/10

Hurra, ich bin ein Schulkind und nicht mehr klein.
So wie die großen Kinder will ich jetzt sein.
In der Schule singen wir, schreiben, rechnen, zwei, drei, vier.
Ich möchte ganz viel lernen, drum bin ich hier.

Der Hausmeister heißt _____ und hat viel Kraft,
verkauft in jeder Pause mal Milch mal Saft.
In der Schule singen wir ...

Der Schulhof, der ist draußen gleich hinterm Haus.
Zur großen Pause _____
In der Schule singen wir ...

---

4 Ergänzt die Strophen.

Klang- und Geräuschquellen räumlich zuordnen. (Melodie s. Liederbuch, Seite 27)

Musik um uns

1/11–20

❶ Wo hört ihr Musik in der Stadt?
❷ Hört die Klänge von der CD. Zeigt sie im Bild.

10 Orte und Situationen der Begegnung mit Musik auffinden und beschreiben.

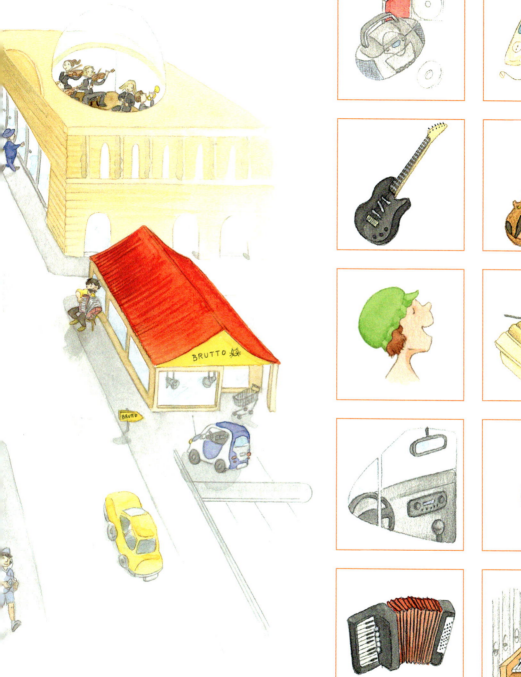

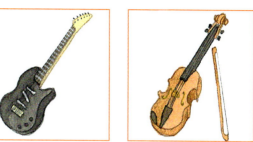

❸ Finde die Klangquellen und Instrumente im Bild wieder. Wie heißen sie?
❹ Wo wird Musik mit der Stimme gemacht? Wo wird auf Instrumenten gespielt?

Klangquellen und Instrumente benennen und zuordnen. 11

Der Tag fängt an

Einsinggeschichte zur spielerischen Stimmpflege.

Guten Morgen

T + M: Uli Führe
© Fidula

1/21–22

Guten Morgen,

gut geschlafen

in der letzten Nacht?

„Nein, ich

hab geträumt,

dass das Bett zusammenkracht

mit 'nem Schuwi

duwa

und 'nem großen Krach!"

Ein Lied mimisch und gestisch gestalten.

# Schulweg

1/23–33

❶ Was hören Tim und Klara auf ihrem Weg zur Schule? Beschreibt ihren Weg.
❷ Hört die Geräusche von CD. Macht die Geräusche mit Stimme und Instrumenten nach.

Geräusche erkennen und diese Situationen zuordnen. Workshop Instrumente

❸ Sucht einen Weg zur Schule aus. Malt auf, was ihr auf dem Schulweg hört.
❹ Führt einen Partner auf diesem Weg zur Schule. Macht nur die Geräusche.

Klänge erzeugen, Themen verklanglichen und Höreindrücke zuordnen.

Sicher durch den Verkehr

1/34–35

❶ Hört euch die Musik an. Geht und lauft wie die Kinder im Bild.

❷ Lest die Sprüche. Ordnet sie dem Bild zu.

16   Rhythmisch-metrische Grundlagen: Gehen und laufen in Vierteln und Achteln.

Am pel rot, ich bleib stehn,

Am pel grün, ich kann gehn!

Zebrastreifen

wunderschön,

hier kann ich

rübergehn.

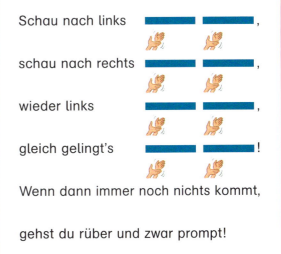

Schau nach links,

schau nach rechts,

wieder links,

gleich gelingt's!

Wenn dann immer noch nichts kommt,

gehst du rüber und zwar prompt!

❸ Findet weitere Körperklänge, mit denen ihr die Sprüche gestalten könnt.

❹ Sprecht die Sprüche zum Steinspiel.

Rhythmische Bausteine sprechen und mit Körperklängen begleiten. Workshop Körperklänge 17

Waldspaziergang

1/36–45

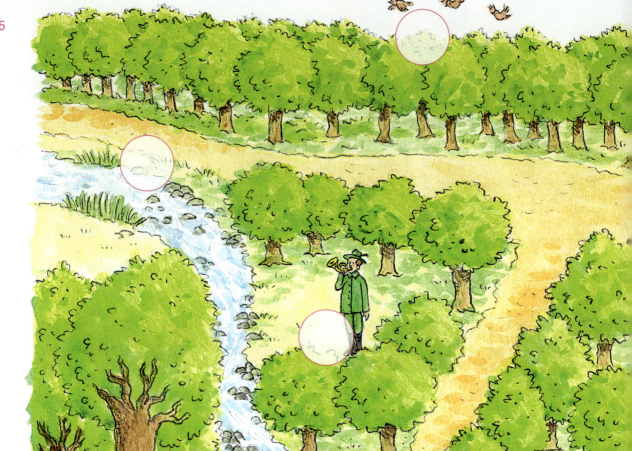

① Welche Geräusche könnt ihr hören?
② Hört euch die Waldgeräusche von CD an. Findet sie im Bild wieder.
③ Macht die Geräusche mit Stimme und Körperklängen nach.
④ Welche Stationen könnt ihr mit diesen Instrumenten vertonen?

18 Geräusche der Natur benennen und mit Instrumenten umsetzen. Workshop Körperklänge

❺ Waldläufer-Spiel
Einer ist der „Waldläufer". Mit dem Finger geht er von einer Station zur nächsten.
Bei jeder Station machen alle die Geräusche zu diesem Bildteil.

Waldgeräusche mit Körperklängen und Stimme imitieren.

Blätter-Rhythmus

Eiche  Kastanie  Buche  Linde  Esche  Ahorn

1 Sammelt Herbstblätter. Sprecht über die verschiedenen Formen.

So werden die Herbstblätter für einen Blätter-Rhythmus verwendet:

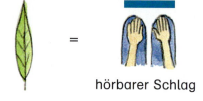

hörbarer Schlag

nicht hörbarer Schlag

Das ist ein Blätter-Rhythmus:

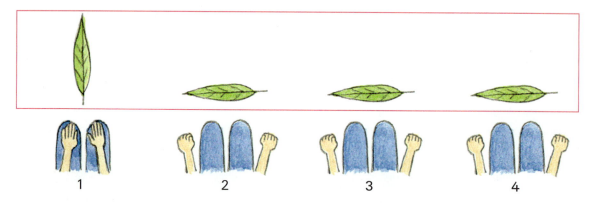

1   2   3   4

2 Spielt den Blätter-Rhythmus. Der Rhythmus wird ohne Pause immer wiederholt.

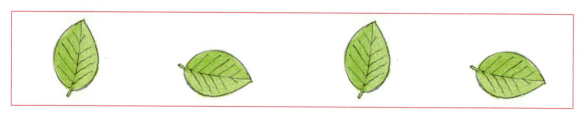

3 Spielt auch diesen Blätter-Rhythmus.

4 Legt mit euren Blättern eigene Blätter-Rhythmen. Klebt sie auf Papier oder Tapetenrolle. Spielt euch die Blätter-Rhythmen vor.

5 Spielt eure Blätter-Rhythmen auch gleichzeitig. So entsteht ein kleines Blätter-Konzert.

Das Prinzip „Note-Pause" anhand metrischer Übungen kennenlernen.

Gruppe 1: Fellinstrumente	Gruppe 2: Holzinstrumente	Gruppe 3: Metallinstrumente
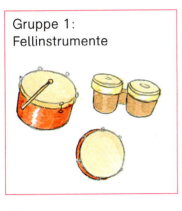	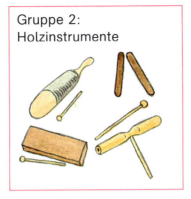	

6 Bildet drei Instrumenten-Gruppen.

7 Spielt eure Blätter-Rhythmen mit jeweils einer Gruppe. Dann spielt alle gemeinsam.

Mit den Blättern könnt ihr eure Rhythmen auch musikalisch gestalten:

großes Blatt = lauter Ton   kleines Blatt = leiser Ton

     (nicht hörbarer Schlag)

1   2   3   4

8 Spielt den Blätter-Rhythmus. Welche Instrumente klingen leise und welche laut?

9 Gestaltet selbst Blätter-Rhythmen mit lauten und leisen Tönen.
Wählt laute und leise Instrumente aus. Spielt euch die Rhythmen mit Instrumenten vor.

Experimentieren mit Klangfarben. Workshop Instrumente

Herr Bst

T + M: Uli Führe
© Fidula

1/46–47

1. Herr Bst geht durch das Land. Mit den Farben in der Hand kleckst er Rot und Gelb und ganz viel Braun, ach wie schön ist alles anzuschau'n! Ja suna lunaja, ja suna lunaja.

2. Herr Bst geht durch das Land,
   hat den Nebelstab zur Hand.
   Und die Schleier schweben grau in grau.
   Nur noch selten zeigt sich Himmelsblau.
   Ja suna ...

3. Herr Bst geht durch das Land,
   öffnet seinen Kälteschrank.
   Lässt ihn auf, die Kühle fließt hinaus,
   und der Frost legt sich auf Feld und Haus.
   Ja suna ...

4. Herr Bst geht durch das Land
   und er zieht ein leises Band.
   Er verteilt ein Pst mal hier, mal da,
   und es wird ganz still, dort, wo er war.
   Ja suna ...

Begleitet das Lied mit den Klangbausteinen , und .

22   Lied singen und mit Klangbausteinen begleiten. Workshop Instrumente

❶ Mit welchen Farben hat der Maler das Bild gemalt?
Sprecht über die Stimmung, die das Bild ausdrückt. Wie könnte das Bild heißen?

❷ Sucht Instrumente aus, die zur Stimmung des Bildes passen. Setzt das Bild in Klänge um.

❸ Schließt die Augen und hört euch die Musik an.
Sprecht über die Stimmung, die die Musik ausdrückt.

1/48

Gestaltet mit bunten Blättern ein Herbstbild.

Stimmungen und Gedanken in Musik und zeichnerisch umsetzen.

Kartoffeltanz

❶ Beschreibt die Entwicklung der Kartoffelpflanze.

Kartoffeltanz

1/52
1/49

Die Kartoffel beginnt zu wachsen.

1/50

Unter der Erde wachsen kleine Knollen.

24 Über die Kartoffelpflanze sprechen. Musik in Bewegung umsetzen.

1/50

4 Takte   4 Takte

Die Kartoffelpflanze wächst und gedeiht.

1/51

Die Triebe welken. Die Kartoffeln sind reif.

❷ Hört euch die Musik an. Beschreibt, wie die Musik klingt.
❸ Ordnet die Musik den verschiedenen Tanzteilen zu.
❹ Tanzt den Kartoffeltanz.

Musik beschreiben und zuordnen. Freies und gebundenes Tanzen.

Gesunde Ernährung

Gib auf deinen Körper acht

T + M: Manuela Kögel
© Klett

1/53–54

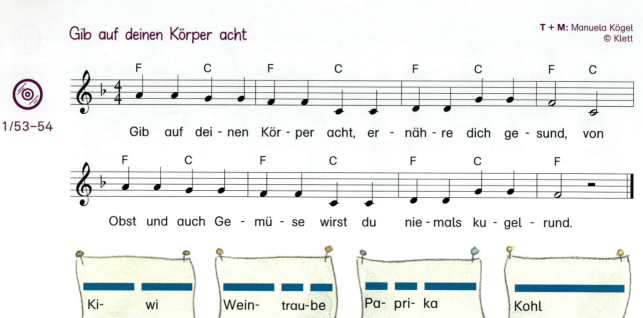

Gib auf dei - nen Kör - per acht, er - näh - re dich ge - sund, von

Obst und auch Ge - mü - se wirst du nie - mals ku - gel - rund.

| Ki- wi | Wein- trau-be | Pa- pri- ka | Kohl |

❶ Sprecht und klatscht dazu.

❷ Füllt die Körbe mit Obst und Gemüse. Sprecht und klatscht dazu.

❸ Füllt Körbe mit Obst und Gemüse. Begleitet mit Klanghölzern.

26   Rhythmen sprechen und mit Körperklängen umsetzen. Workshop Kurze und lange Klänge

Gestaltet das Lied mit euren eigenen Körben:
Die Korbfüllungen sind die Zwischenspiele. Gestaltet sie auf Instrumenten.

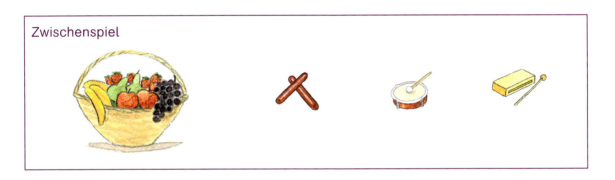

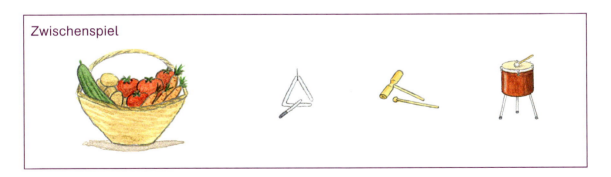

Ein Rondo mit Stimme und Instrumenten gestalten. Workshop Instrumente

Hexen und Geister

❶ Was finden die Kinder in den einzelnen Räumen?
❷ Welche Geräusche hören sie in den Räumen?
❸ Erfindet Klangzeichen für die Geräusche. Stellt die Geräusche mit der Stimme dar.

Geräusche mit der Stimme imitieren. Klangzeichen für Geräusche finden.

Das Hexenhaus

T: Bernhard Pickro
© Klett

2/1

alle
(laufen)

Die He- xe fliegt aus und leer ist das Haus.

Los se- hen wir nach. Wie sieht da- rin aus?

Auf Ze- hen-spit- zen tipp und tapp,

schlei- chen wir hi- nauf und hi- nab.

(Stopp!)

Vor ei- ner Tür blei- ben wir stehn.

Wer traut sich mal hi- nein zu sehn?

Sie öff- net sich von Gei- ster-hand.

Was ist da- rin? Was hast du er- kannt?

einer

Die Be- sen, die Be- sen sind zu sehn.

alle
(fliegen als Besen)

(einer schließt die Tür)

einer

Los lasst uns bes- ser wei- ter gehn.

(Pssst!)

alle
(bestätigen)

Ja lasst uns wei- ter gehn!

❹ Sprecht und spielt den Spruch. Immer ein anderes Kind geht voran.

❺ Was sieht das nächste Kind hinter der Tür? Setzt es statt der Besen ein. Erfindet dafür Klangzeichen und spielt nach.

Ein Sprechspiel mit Stimme und Bewegungen gestalten. Workshop Kurze und lange Klänge

Die Hütte der Baba Yaga

2/2

Die Hexe Baba Yaga lebt in einer Hütte auf drei Hühnerfüßen. Sie lockt Menschen in ihre Hütte. Wenn sich jemand der Hütte nähert, dreht diese sich mit dem Eingang genau in diese Richtung. Die Hexe fliegt in einem Mörser, in dem sie auch Menschenknochen zu Mehl zerstößt. Mit dem Stößel steuert sie und verwischt dabei ihre Spuren mit einem Besen.

1 Hört die Musik an. Was macht die Hexe Baba Yaga gerade?

Begleitet die Musik mit Körperklängen.

2/3–8

❷ Seht euch die Bilder an. Erzählt, was die Hexe gerade macht.
❸ Hört euch die Musik an. Beschreibt die Musik.
❹ Zu jedem Bild passt eine Musik. Ordnet sie zu.
❺ Denkt euch Bewegungen zur Geschichte aus. Stellt die Geschichte zur Musik dar.

Merkmale der Musik beschreiben. Musik in Bewegung umsetzen.

Hey, hey, Wickie

T: Andrea Wagner
M: Christian Bruhn
© Edition Junior TV

2/9

Refrain

Hey, hey, Wi-ckie, hey, Wi-ckie, hey! Zieh fest das Se-gel an!
Hey, hey, Wi-ckie! Die Wi-kin-ger sind hart am Win-de dran.

Na na na na na na na na na na na Wi-ckie!

Vers

Die Angst vor'm Wolf macht ihn nicht froh! Und im Tai-fun geht's e-ben-so.

Doch Wöl-fe hin, Tai-fu-ne her, die Lö-sung fällt ihm gar nicht schwer.

Wickie und die starken Männer (BRD 2009, Regie: Michael „Bully" Herbig)
Mercedes Diaz, Jonas Hämmerle

Wikinger sind Skandinavier, die im Mittelalter lebten. Sie waren Seefahrer und Krieger und weithin wegen ihrer Tapferkeit und Stärke bekannt. Wickie ist kein typischer Wikingerjunge. Er ist eher ängstlich und nicht besonders stark. Dafür ist er aber sehr schlau. Er lebt mit seinen Eltern in dem kleinen Wikingerdorf Flake.

❶ Was wisst ihr über das Leben und die Abenteuer von Wickie?

Lied aus dem Freizeitbereich singen.

Refrain: Bildet drei Gruppen. Begleitet den Refrain mit Boomwhackers.

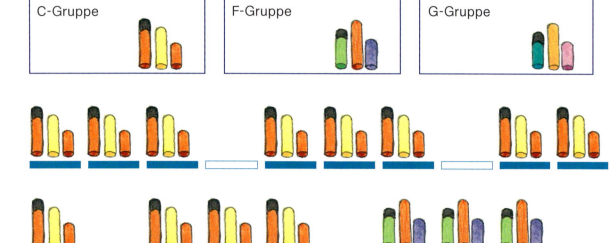

2/10

Strophe: Teilt zwei Gruppen ein. Begleitet das Lied mit Körperklängen.

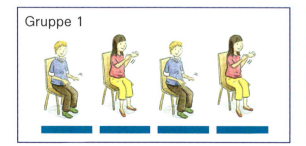

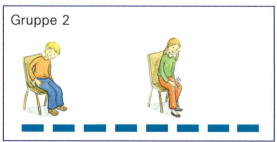

Lied mit Boomwhackers und Körperklängen begleiten. Workshop Körperklänge/Boomwhackers   33

Projekt: Die Weihnachtsgeschichte der kleinen Birke

Dt. T: Wilhelm Twittenhoff
T + M: aus Ungarn
© Gustav Bosse

Blinke, blinke kleiner Stern

2/11–12

Blin - ke, blin - ke klei - ner Stern, dro - ben hoch am Him - mel.
Schaust he - rab aus wei - ter Fern auf das Welt - ge - tüm - mel.

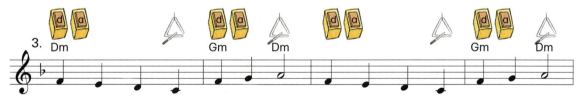

Leuch - test ü - ber's gan - ze Land, fun - kelst wie ein Di - a - mant.

Blin - ke, klei - ner Stern. Blin - ke, blin - ke klei - ner Stern, dro - ben hoch am Him - mel.

34 Eine Geschichte zu den Bildern von S. 34 – 39 erzählen. Workshop Instrumente

Bastelt ein Julekörbchen. Ihr braucht: verschiedenfarbiges Tonpapier, Schere, Tacker und Schleifenband für den Henkel.

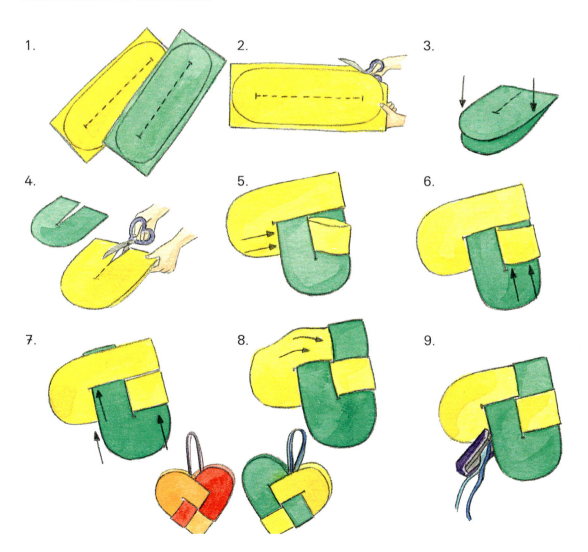

Julekörbchen basteln.

35

Projekt: Die Weihnachtsgeschichte der kleinen Birke

Bildergeschichte erzählen.

T + M: Vilhelm Sefve
Dt. T: Matti Kontio
© Uccello Verlag

Lampen aus, es schlafen alle Leute

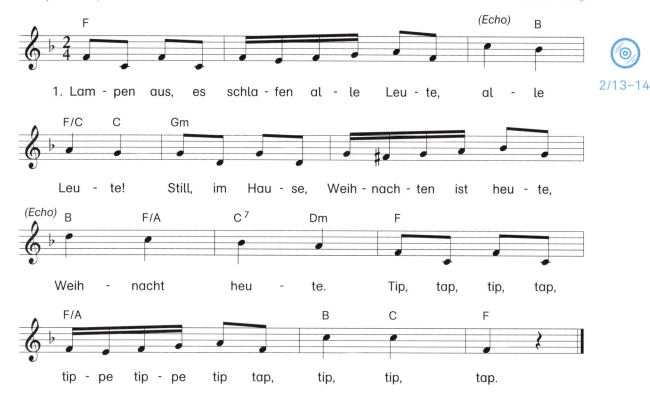

2/13–14

1. Lam - pen aus, es schla - fen al - le Leu - te, al - le Leu - te! Still, im Hau - se, Weih - nach - ten ist heu - te, Weih - nacht heu - te. Tip, tap, tip, tap, tip - pe tip - pe tip tap, tip, tip, tap.

2. Wichtelmännchen kommen auf den Zehen, auf den Zehen,
   horchen, spähen, keiner darf sie sehen, darf sie sehen! Tip, tap …

3. Durch das Fenster seh'n die Wichtelmännchen, Wichtelmännchen
   Weihnachtsessen, Schüsseln, viele Kännchen, viele Kännchen. Tip, tap …

4. Auf die Tische klettern sie zum Schinken, rauf zum Schinken,
   Äpfel, Reis und Leckeres zu trinken, auch zu trinken. Tip, tap …

5. Alle Wichtel geben sich Geschenke, sich Geschenke,
   Flüstern hört man: Bitte schön! Ich danke! Bitte! Danke! Tip, tap …

6. Dann zum Spielen bis zum Morgengrauen, Morgengrauen,
   müde sind die Wichtel anzuschauen, anzuschauen. Tip, tap …

7. Wichtelmännchen schleichen um die Ecke, um die Ecke.
   Vorsicht! Auf den Zeh'n in die Verstecke, die Verstecke. Tip, tap …

Lied singen und als Vorlage für musikalische Spielszenen nutzen.

Projekt: Die Weihnachtsgeschichte der kleinen Birke

Coura bissa

T + M: aus Afrika

Cou - ra, cou - ra bis - sa. Cou - ra, cou - ra bis - sa.
Tschon - ga ma, tschon - ga ma. Ja ma te - ne low.

Der Text bedeutet: Ich habe dich so gern, dass ich sogar im Schlaf an dich denke.

38   Lieder aus anderen Ländern kennen lernen. Tanz in der Gruppe.

Stellt euch wie die Tiere sternförmig auf. Das ist die Ausgangsstellung für den Lichtertanz:

2/15

Lichtertanz

Jedes Kind im Stern macht die gleichen Schritte. So bewegt sich der Kreis ganz langsam vorwärts.

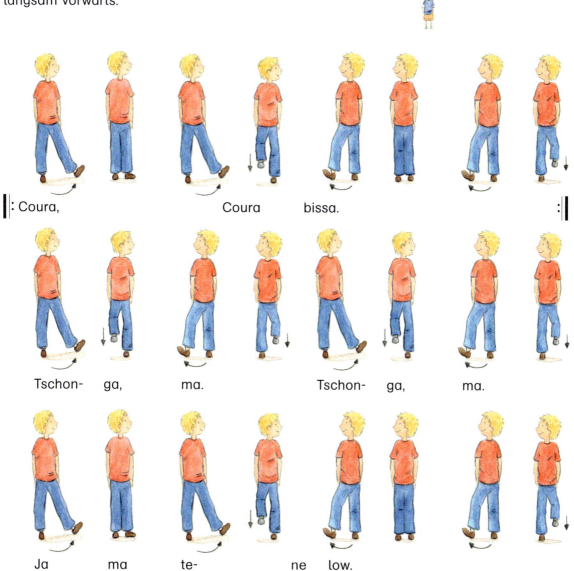

|: Coura, Coura bissa. :|

Tschon- ga, ma. Tschon- ga, ma.

Ja ma te- ne low.

Sich zur Musik bewegen. Erarbeiten und Festigen einfacher choreografischer Mittel.

Ritter und Burgfräulein

2/16–23
4/1–8

1. Überall im Bild ist Musik versteckt. Erzählt.
2. Findet die einzelnen Instrumente im Bild wieder.
3. Hört euch die Musik von CD an. Welche Instrumente könnten es sein? Ordnet zu.

 Auf dem Bild tanzen Kinder eine Branle. Branle ist französisch und bedeutet „sich wiegen". Die Branle war ein ganz bekannter Tanz zur Zeit der Ritter und Burgfräulein.

40   Instrumente des Mittelalters kennenlernen, benennen und zuordnen.

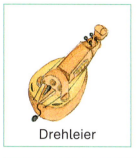 Drehleier	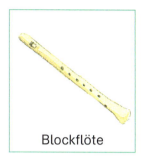 Blockflöte
 Harfe	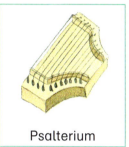 Psalterium
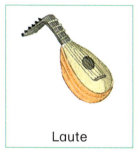 Laute	 Bassrankett
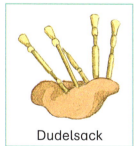 Dudelsack	 Krummhorn

Stellt euch vor, ihr seid Ritter und Burgfräulein. Tanzt die Branle im Kreis.

2/17
4/9

Erarbeiten und Festigen einfacher choreografischer Mittel: Eine Branle (Kreistanz) tanzen. 41

Ritter und Spielleute

2/24

Im Mittelalter zogen Musiker von Burg zu Burg. Deshalb wurden sie fahrende Spielleute genannt. Auf Festen unterhielten sie die Leute mit Kunststücken, Späßen und Musik. Minnesänger trugen am Hof beim Festmahl ihre Liebeslieder vor.

① Hört euch die Musik der Spielleute an. Tanzt wie ein Ritter oder ein Burgfräulein.
② Führt euch gegenseitig euren Tanz vor.

Musik hören, darüber sprechen und durch einfache Tanzschritte umsetzen.

Baut euch eine Halmschalmei.

Ihr braucht:

 Strohhalm  Papier  Klebeband

1.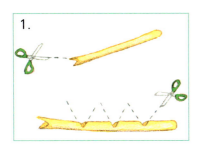
2.
3.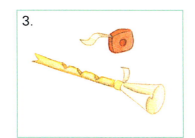

Baut euch einen Schellenstab.

Ihr braucht: 6 x 1 x

3 x  1 x

1.
2.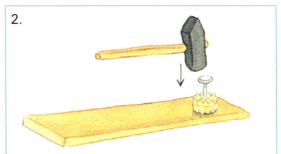
3.
4.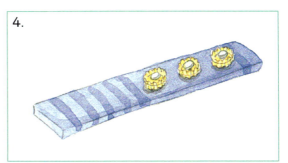

Bauen eigener Instrumente. Klangerzeugung und Spiel der Instrumente kennenlernen.

43

Ritter Giselher

T: Ulrike Meyerholz
M: Werner Beidinger
© Meyerholz/Beidinger

1. Vor etwa tausend Jahren war's, es ist schon lange her,
   da lebte auf der Starkenburg der Ritter Giselher.

   Ra-ta-ta tam, ra-ta-ta tam ra-ta-ta tam tam tam. tam.

2. Er kämpfte für den Kaiser, auch für die Ritterehr',
   mit Lanze, Schwert und einem Schild, die Rüstung war so schwer.

3. Die Frau an seiner Seite bangte um ihn manche Stund'
   zu Hause auf der Starkenburg, ihr Nam' war Kunigund'.

4. Doch wenn er dann nach Hause kam, gefloh'n aus dem Verlies,
   dann gab es gleich ein großes Fest mit Wein und Schwein am Spieß.

Lied singen.

❶ Vergleicht bei jedem Instrument die beiden Töne.
Welcher der beiden Töne klingt höher oder heller?

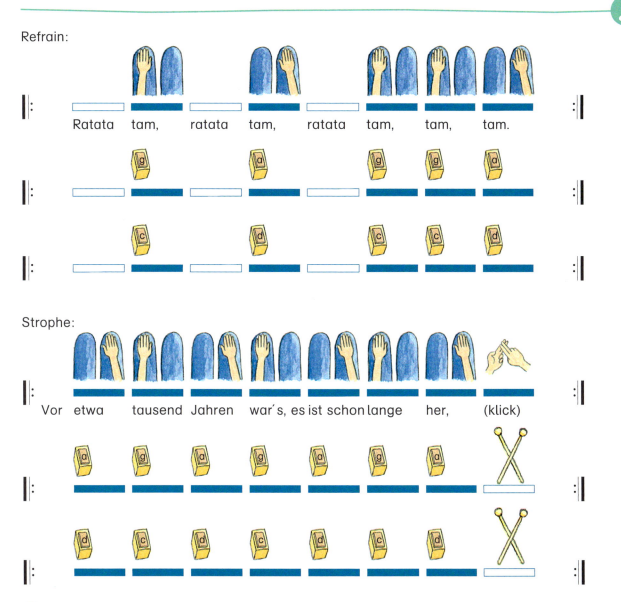

❷ Begleitet euch auch mit Xylofon, Boomwhackers und Pauken.

Tonhöhen differenzieren, Lied begleiten. Workshop Instrumente

Warm-up

2/27

Stop and go

❶ Bewegt euch zur Musik. Hält sie an, müsst ihr versteinern.

2/28

Gehen und Laufen

❷ Geht und lauft zur Musik.

Treffen

❸ Trefft ihr einen Freund, blinzelt ihm zu.

46 Spannung und Entspannung bewusst erleben. Metrum empfinden.

Hart und weich

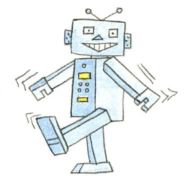 

2/29

❹ Bewegt euch wie ein Roboter oder eine Meerjungfrau.

Schritte

2/30

Hüpfer

❺ Macht Schritte und Hüpfer zur Musik.

Freie und gebundene Bewegungsformen zu Musik umsetzen.

An Dro

An Dro heißt auf Deutsch „die Drehung".
Der An Dro stammt aus der Bretagne (Frankreich) und ist ein Reihen- oder Kreistanz.

Patscht auf die Schenkel und sprecht dazu.

Der An Dro   der geht so.   Im- mer wei- ter so- wie- so.

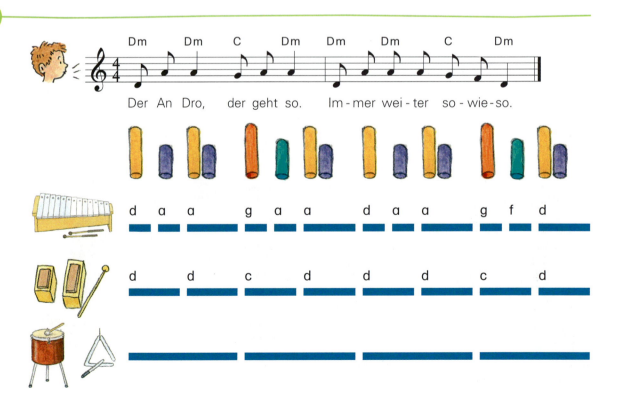

2/31–32

Stellt euch in einer Reihe auf.
Das ist die Ausgangsstellung für den An Dro:

Jedes Kind in der Kette macht die gleichen Bewegungen.

Die Füße machen:

links	rechts	links	stampf	stampf	stampf
Der	An	Dro	der	geht	so.
Im-	mer	wei-ter	so-	wie-	so.

Die Hände machen:

Neun   her-   ein,   neun   her-   aus.

Sprache, Rhythmus und Bewegung koordinieren. Einen Gruppentanz einüben.

49

Twist Annabelle

T.: Friedrich Neumann-Schnelle/Bettina Ohligschläger
M: Friedrich Neumann-Schnelle
© Studio Neumann

2/33–35

Twist An-na-belle, shake it, shake it! Twist An-na-belle! Your bo-dy can move.

Twist An-na-belle, shake it, shake it! Twist An-na-belle, An-na-belle twist!

Die Strophen werden gesprochen:

1. Wackel mit dem Popo,
spring rechts vor.
Wackel mit dem Popo,
spring links vor.
Immer weiter wackeln,
und jetzt pass auf:
Hopp, hopp,
huhhh.

2. Hüpf dreimal schräg zurück,
jetzt schau nach vorn.
Zur anderen Seite hüpfen,
schau wieder nach vorn.
Arme rechts, Arme links,
Arme rechts herum,
zieh sie dreimal an den Körper,
uh, ah.

50

Lied singen.

Refrain:

Twist Annabelle, shake it, shake it!   Twist Annabelle! Your body can move.   Twist Annabelle, shake it, shake it!   Twist Annabelle, Annabelle twist!

1. Strophe:

Wackel mit dem Popo, spring rechts vor.   Wackel mit dem Popo, spring links vor.   Immer weiter wackeln, und jetzt pass auf: Hopp, hopp,   huhhh.

2. Strophe:

Hüpf dreimal schräg zurück, jetzt schau nach vorn.   Zur anderen Seite hüpfen, schau wieder nach vorn.   Arme rechts, Arme links, Arme rechts, herum,   zieh sie dreimal an den Körper,   uh, ah.

Einen Twist durch Nachvollziehen gesungener Bewegungen tanzen.

51

Trashin' the camp – Krach im Lager

 Das Lied „Trashin' the camp" stammt aus dem Film „Tarzan". In einer Szene des Films gelangen die Tiere auf der Suche nach ihrem Freund Tarzan in das Lager der englischen Forscher. Neugierig untersuchen sie alle Gegenstände und probieren alle möglichen Klänge aus.

❶ Macht aus eurem Klassenraum ein Lager. Sucht Gegenstände, mit denen ihr Klänge und Geräusche machen könnt.

❷ Wählt ein Lieblingsgeräusch aus und stellt es vor.

52   Alltagsgegenstände untersuchen und auf ihre Klangmöglichkeiten hin untersuchen.

2/36
4/11

Teil A:

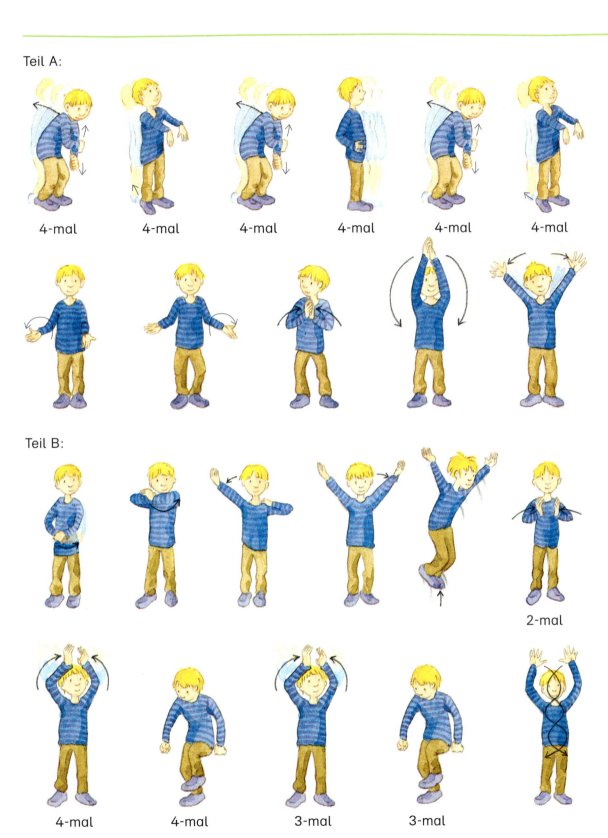

Tanzbewegungen einüben und gemeinsam ausführen.

Alle Vögel sind schon da

2/37–48

❶ Welche Vögel kennst du? Finde sie im Bild.
❷ Hört euch die Vogelstimmen an. Welche Vogelstimme gehört zu welchem Vogel?
❸ Macht die Vögel mit der Stimme nach.

Klänge erkennen und zuordnen. Vogelstimmen mit der Stimme imitieren.

④ Das Eichhörnchen besucht die Vögel und wird von ihnen begrüßt.
Geht den Weg des Eichhörnchens nach und macht die Vogelstimmen dazu.

Nach einer Vorlage eine Abfolge mit der Stimme gestalten. 55

Der Frühling

Der Frühling

Der freudenreiche Frühling ist ins Land gezogen.
Mit fröhlichem Gesang heißen die Vögel ihn willkommen.
Und bei linden Lüften plätschern die Bäche lieblich dahin.
Der Himmel ist mit schwarzem Mantel verhangen.
Blitze und Donner künden ein Unwetter an.
Da es wieder still geworden, beginnen die Vögel aufs Neue zu singen.

                                                               Antonio Vivaldi

❶ Beschreibt die Bilder.

❷ Lest das Gedicht und ordnet die Bilder zu.

❸ Verklanglicht das Gedicht. Mit welchen Instrumenten könnt ihr den Frühling, die Vögel, den Bach, den leichten Wind und das Gewitter darstellen?

Bilder einem Gedicht zuordnen und instrumental umsetzen. Workshop Instrumente

Antonio Vivaldi

Antonio Vivaldi war ein italienischer Geiger und Komponist. Er wurde in Venedig angeblich während eines Erdbebens geboren. Zur damaligen Zeit waren weiße Perücken in Mode. Auch die Männer trugen solche Perücken. So sieht man auf dem Bild nicht, dass Vivaldi eigentlich rote Haare hatte.
Zu dem Gedicht „Der Frühling" komponierte Vivaldi eine Orchestermusik. Auch zu den anderen Jahreszeiten schrieb er eine passende Musik. Heute ist sein Werk „Die vier Jahreszeiten" weltberühmt.

4 Hört euch den „Frühling" an. Ordnet die Bilder und das Gedicht der Musik zu. Welches Bild wiederholt sich?

5 Malt zur Musik ein Frühlingsbild.

2/49

Gestaltet zur Musik von Vivaldi einen Tanz mit Bändern.

2/49

Musik früher. Sich zur Musik improvisatorisch frei bewegen.

 Spielt die Klänge und Geräusche mit diesen Instrumenten.

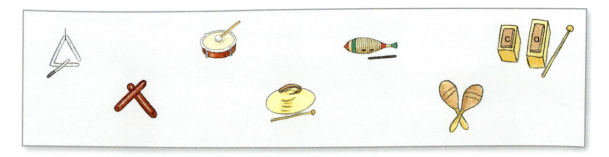

So spielt ihr den Kuckucksruf:

Auf dem Xylofon: 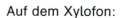   Auf der Blockflöte:

   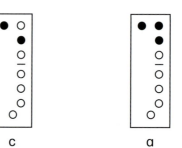

58 Geräusche hören und nachahmen. Workshop Instrumente/Blockflöte

Aprilwetter

T + M: Manuela Kögel
© Klett

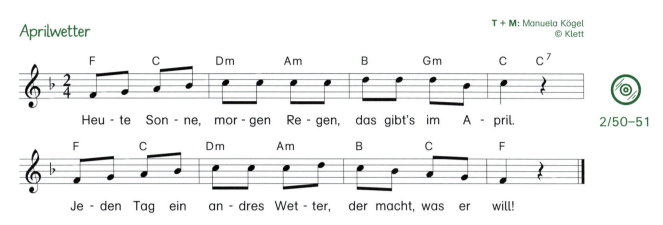

2/50–51

Begleitet das Lied.

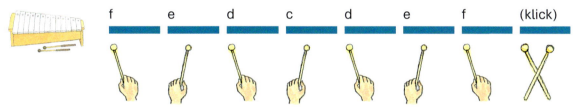

Singt das Lied und ergänzt es mit euren eigenen Zwischenspielen.

Lied singen und begleiten. Ein Rondo gestalten.

Osterhase Franz Meier

T: mündlich überliefert
M: Christine Paetzel

3/1–2

Die - ser Ha - se heißt Franz Mei - er.

Os - tern malt er bun - te Ei - er.

Nachts, da schläft er tief und fest.

In ei - nem war - men Ku - schel - nest.

1. Dieser Hase heißt Franz Meier.
   Ostern malt er bunte Eier.
   Nachts, da schläft er tief und fest
   in einem warmen Kuschelnest.

2. Mit den ersten Sonnenstrahlen
   fängt Franz Meier an zu malen.
   Eier rot, gelb, grün und blau,
   manchmal da trifft er seine Frau.

3. Spät am Abend legt Franz Meier
   seine schönen bunten Eier
   in ein Nest aus grünem Gras.
   Das macht allen Kindern Spaß.

gesprochen
4. Und findest du ein buntes Ei,
   war sicher eins von Franz dabei.

60

Ein Lied singen.

① Welches Ei gehört zu welcher Strophe?
② Verfolge mit dem Finger in jedem Ei den Textverlauf.

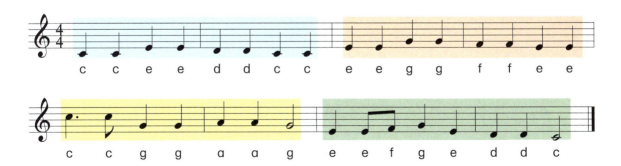

③ Welcher Text gehört zu welchem Melodieteil?
④ Spielt die Melodieteile auf Instrumenten.

Zuordnungsaufgaben zu Bildern, Texten und Noten lösen. Workshop Instrumente

Stell dir vor …

Es war einmal eine alte einsame Holzbrücke. Niemand wollte die alte Holzbrücke betreten, aus Angst, sie könnte unter den Füßen zerbrechen. Nur die Tiere kümmerten sich nicht darum und feierten auf der Brücke Tanzfeste. Bei den Katzen klang das so …

❶ Wie klingt es, wenn die Tiere über die Brücke laufen? Beschreibt.

62

❷ Macht die verschiedenen Tierschritte nach.

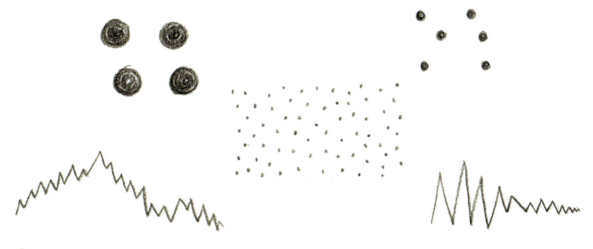

❸ Malt auf, was ihr hört.

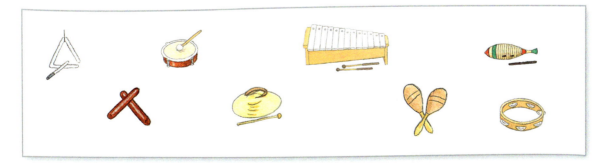

❹ Sucht euch verschiedene Instrumente aus und erzählt mit ihnen die Geschichte der Holzbrücke weiter.

Tiergeräusche nachahmen, grafische Notationsmöglichkeiten finden. Workshop Instrumente

Peter und der Wolf

„Peter und der Wolf" ist ein musikalisches Märchen von Sergej Prokofjew. Sergej Prokofjew war ein sehr bekannter russischer Komponist. Er komponierte dieses Märchen, um den Kindern Instrumente eines Orchesters vorzustellen. Jede Figur in diesem Märchen wird durch ein Instrument dargestellt. Die Handlung des Märchens wird von einem Sprecher vorgetragen.

3/3–18

❶ Hört euch das Stück „Peter und der Wolf" an.

❷ Welche Figuren kommen in diesem Märchen vor?

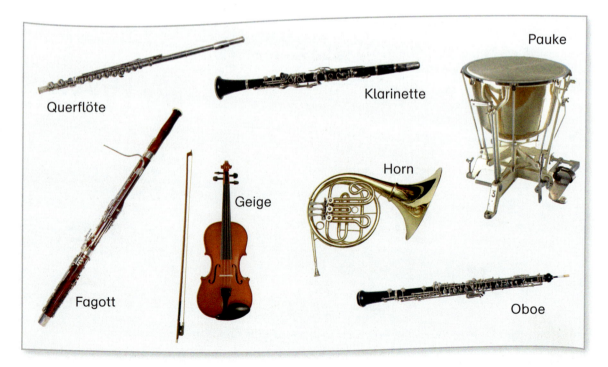

❸ Ordnet den Figuren die Instrumente zu.

64 Musik hören. Orchesterinstrumente benennen und zuordnen.

④ Bewegt euch wie die Figuren.

⑤ Spielt die Bewegungen der Figuren auf Instrumenten nach.

⑥ Spielt so, wie euer Mitschüler sich bewegt.

⑦ Bestimme durch dein Spiel, wie sich deine Mitschüler bewegen sollen.

Musikalischen Ausdruck in Bewegung und Instrumentalspiel umsetzen.

Zwei kleine Wölfe

T: Werner Rizzi
M: mündlich überliefert
© Fidula

3/19–20

1. Zwei klei - ne Wöl - fe geh'n des Nachts im Dun - keln. Man hört den ei - nen zu dem an - dern mun - keln: „Wa -
2. rum geh'n wir denn im - mer nur des Nachts he - rum? Man tritt sich an den Wur - zeln ja die Pfo - ten krumm! Wenn's
3. nur schon hel - ler wär! Wenn nur der Wald mit Ster - nen - licht be - leuch - tet wär!" Ba du ba -
4. dum, ba - dum, ba - dum, ba du ba du ba -

❶ Singt das Lied und macht passende Gesten dazu.

Lied singen und mit Gesten darstellen.

Begleitet das Lied.

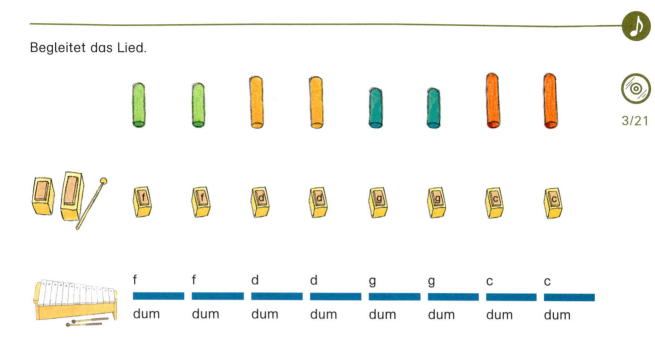

Begleitet das Lied zusätzlich noch mit diesen Instrumenten:

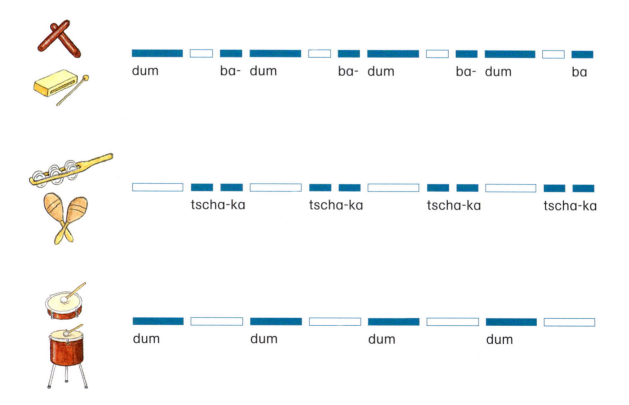

Ein Lied mit Instrumenten rhythmisch und harmonisch begleiten.

Afrika – Simbabwe

Salibonani

T + M: aus Simbabwe
dt. T: Christoph Studer
© Fidula

3/22–23

Sa - li - bo - na - ni, sa - li - bo - na - ni! Sa - li - bo - na - ni, sa - li - bo - na - ni!
Hal - lo Lu - i - sa, sa - li - bo - na - ni! Hal - lo Ri - car - do, sa - li - bo - na - ni!

Sa - li, sa - li, sa - li - bo - na - ni! Sa - li, sa - li, sa - li - bo - na - ni!
Gu - ten Mor - gen, sa - li - bo - na - ni! Gu - ten Mor - gen, sa - li - bo - na - ni!

Das Lied „Salibonani" ist ein Begrüßungslied aus Simbabwe (Volk der Shona). Das Wort „Salibonani" kommt aus der Sprache der Shona und heißt „Guten Morgen".

Spielt das Klatschspiel. Singt das Lied dazu.

68 — Tänzerische Bewegungen zu einem Lied umsetzen.

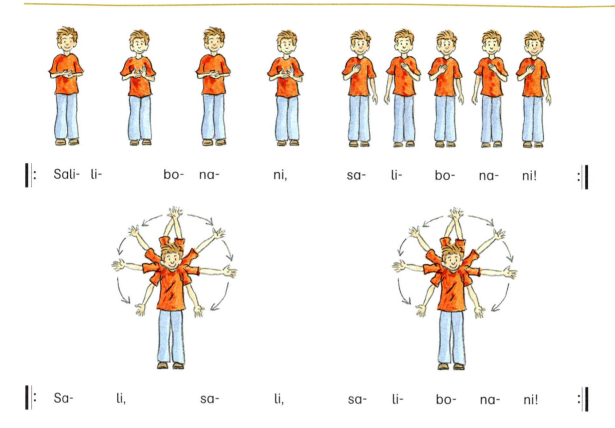

|: Sali- li- bo- na- ni, sa- li- bo- na- ni! :|

|: Sa- li, sa- li, sa- li- bo- na- ni! :|

bu: to:

4/12–13

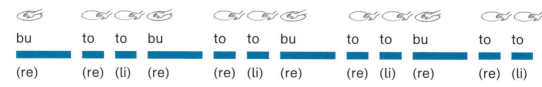

Ein Lied mit Bewegungen und rhythmisch auf der Djembe begleiten.

Asien – Indonesien

3/24

 1 Hört euch das Lied „Gundul, Gundul paculcul" an.
Wie wirkt das Lied auf euch? Welche Instrumente hört ihr? Zählt sie auf.

Dieses Lied stammt aus Java. Java ist eine Insel der Republik Indonesien. Gundul ist ein kleiner Junge, der auf dem Kopf eine flache Schale mit Reis trägt. Gundul zappelt aber so sehr, dass der Reis in den Dreck fällt und keiner mehr etwas zu essen hat.

Summt die Melodie. Begleitet mit Körperklängen.

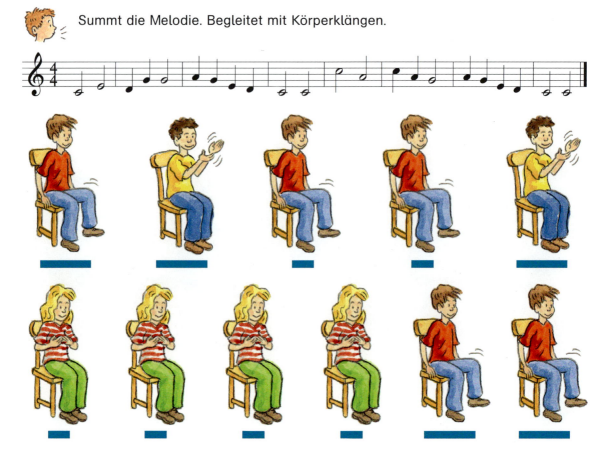

70   Musik aus einem anderen Land kennen lernen. Workshop Körperklänge

Summt die Melodie oder spielt sie auf der Blockflöte.

Begleitet die Melodie mit diesen Instrumenten:

Eine Melodie auf der Blockflöte spielen, mit Instrumenten begleiten. Workshop Blockflöte

Europa – Schweden

Vem kan segla

T + M: mündlich überliefert

3/25–26

1. Vem kan segla förutan vind?
   Vem kan ro utan åror?
   Vem kan skiljas från vännen sin
   utan att fälla tårar?

   Wer kann segeln ohne Wind,
   rudern ohne Ruder?
   Wer kann scheiden von seinem Freund,
   ohne, dass Tränen kommen?

2. Jag kan segla förutan vind,
   Jag kan ro utan åror.
   Men ej skiljas från vennen min
   utan att fälla tårar.

deutsch:
2. Ich kann segeln ohne Wind,
   und rudern ohne Blatt.
   Doch ich kann nicht scheiden
   von meinem Freund,
   ohne, dass Tränen kommen.

„Vem kan segla" ist ein altes schwedisches Seefahrerlied. Das „o" wird bei allen Wörtern in diesem Lied wie ein „u" ausgesprochen. Ein „å" wird als „o" wie bei „rot" gesprochen.

 Stellt euch vor, ihr seid auf hoher See in einem Segelboot. Der Wind bläst, ihr rudert. Macht passende Geräusche und Bewegungen.

Lieder aus einem anderen Land kennen lernen.

❷ Was wisst ihr über das Rudern und Segeln? Was braucht man dafür?
❸ Warum könnte das Boot eigentlich nicht fahren?
❹ Erzählt eine Geschichte zum Bild.
❺ Wart ihr schon einmal sehr traurig beim Abschied? Erzählt darüber.

Durch Musik ausgelöste Stimmungen und Empfindungen verbalisieren.

Einen Film vertonen

Tiere am Strand

4/14

① Schaut euch den Film an. Überlegt euch passende Geräusche und Klänge.

② Vertont den Film.

74 Klänge und Geräusche mit der Stimme und Instrumenten imitieren.

Fahrzeuge auf der Insel

4/15

❸ Überlegt euch passende Geräusche und Klänge zum Film.
❹ Vertont den Film.

Klänge und Stimmlaute zur Vertonung von Bildern einsetzen.

75

T + M: Uli Führe
© Fidula

3/27–28

1. Nel - ly Som - mer, sie kommt im - mer erst, wenn's rich - tig grünt und blüht.
Wenn die Son - ne vol - ler Won - ne hoch am blau - en Him - mel glüht.
Oh Ko - ko lam - bo, oh Ko - ko lam - bo, Nel - ly Som - mer ist nun end - lich wie - der da - ha - ha.
Oh Ko - ko lam - bo, oh Ko - ko lam - bo, Nel - ly Som - mer ist nun end - lich wie - der da.

2. Nelly Sommer liebt die Brummer,
wenn sie fliegen voller Kraft.
Und es saugen Pfauenaugen
aus den Kelchen ihren Saft.

3. Nelly Sommer liebt Geflimmer
auf den Straßen, Flüssen, Seen,
wenn die Leute voller Freude
in den Bädern schwimmen gehen.

4. Nelly Sommer liebt den Schlummer,
auf der Matte an dem Strand.
Mag die Ferne, reist so gerne
in so manches fremde Land.

❶ Was gefällt euch am Sommer und den Sommerferien? Malt Bilder dazu.

76   Ein Lied singen.

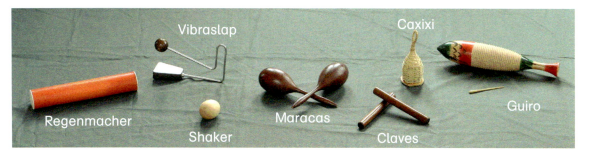

② Schaut euch die Instrumente an. Probiert sie aus.

③ Singt das Lied und spielt dazu das Caxixi-Spiel.

Begleitet den Refrain mit Caxixi, Claves und Guiro.

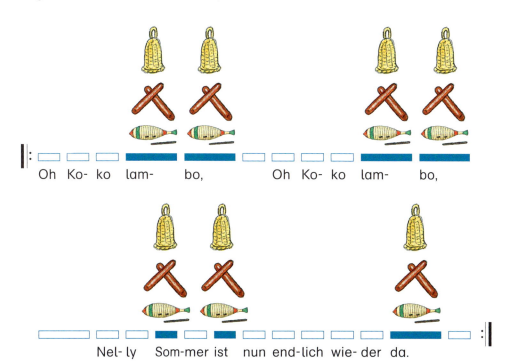

Verschiedene Rhythmusinstrumente kennen lernen und ein Lied damit begleiten. 77

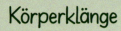

Körperklänge

❶ Findet noch mehr Körperklänge.

Katz' und Maus

❷ Vertont die Geschichte mit verschiedenen Körperklängen.

Körperklänge finden und benennen. Eine Geschichte mit Körperklängen vertonen.

Ententrina

3/29

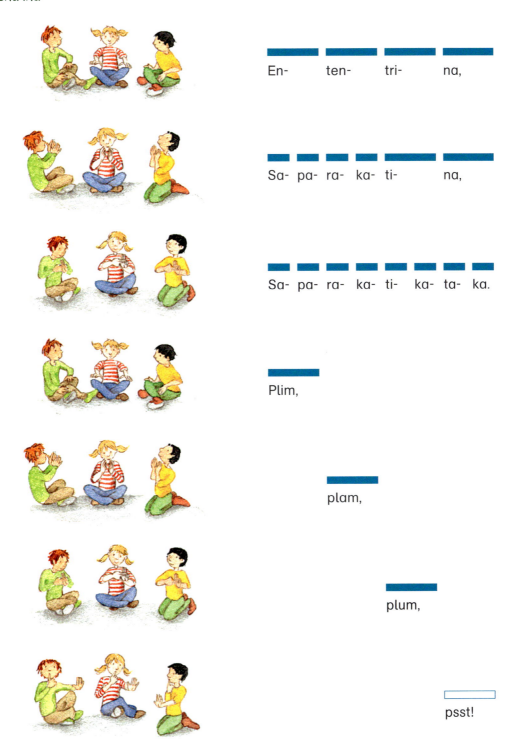

En- ten- tri- na,

Sa- pa- ra- ka- ti- na,

Sa- pa- ra- ka- ti- ka- ta- ka.

Plim,

plam,

plum,

psst!

❸ Gestaltet den Spruch. Wählt auch andere Körperklänge aus. Spielt laut und leise, schnell und langsam.

Einen rhythmischen Spruch mit Körperklängen gestalten.

Instrumente

4/16–32

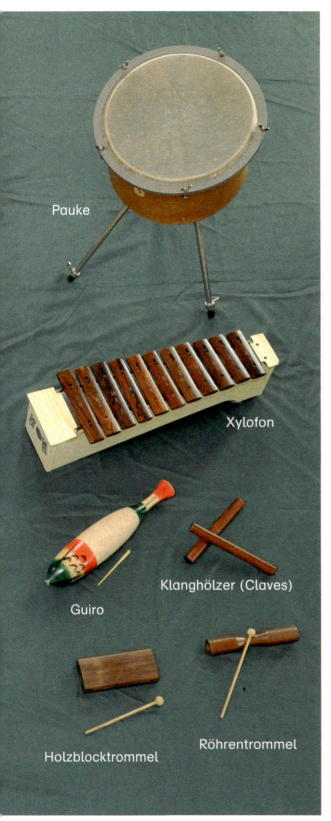

Pauke

Xylofon

Guiro

Klanghölzer (Claves)

Holzblocktrommel

Röhrentrommel

Name, Klang und Spielweise von Instrumenten kennen lernen.

Klang

❶ Erfindet weitere Klangzeichen und spielt dazu.

❷ Welche Klangzeichen könnt ihr mit welchen Instrumenten spielen? Probiert aus.

82 Grafische Notation kennen lernen und klanglich umsetzen. Eigene Notationsformen finden.

❸ Erfindet weitere Klangzeichen und vertont sie mit verschiedenen Instrumenten.

❹ Probiert die Klangzeichen für laut und leise aus. Findet selbst Zeichen für laute und leise Klänge.

Grafische Notation im Dirigierspiel klanglich umsetzen. Dynamik mit Zeichen wiedergeben.

Kurze und lange Klänge

❶ Bewegt euch wie die Tiere.

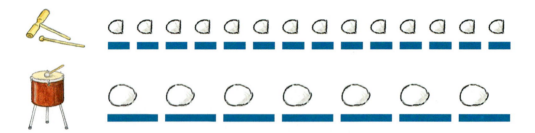

❷ Spielt die Tierschritte auf verschiedenen Instrumenten.

❸ Sprecht und klatscht die Rhythmen.

❹ Spielt die Rhythmen auch mit anderen Körperklängen.

❺ Spielt die Rhythmen mit diesen Instrumenten.

84 Die Balkennotation kennen lernen. Rhythmusbausteine umsetzen.

T: Ernst Hoffmann
M: aus Ungarn
© Boosey & Hawkes

Bei den Wirags

3/30–31

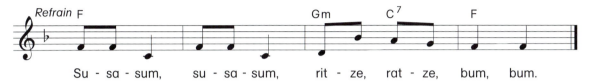

2. Gabor Watzi voller Tücke,
   nimmt sich alle Schenkelstücke.

3. Michel Puschkasch kommt in Eile,
   kriegt nur noch die Hinterteile.

Die Wirags waren ein Nomadenvolk, das in der Puszta lebte. Die Puszta ist eine weite steppenartige Landschaft im heutigen Ungarn.

6 Macht die Arbeiten der Wirags mit Körperklängen nach.

 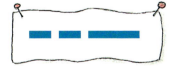 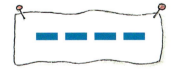

7 Welche Rhythmuskarten passen zu den Arbeiten der Wirags? Ordnet zu.

8 Sucht für jeden Rhythmus passende Instrumente aus. Begleitet den Refrain.

Rhythmen sprechen, mit der Balkennotation umsetzen und spielen.

Boomwhackers

4/33–34

❶ Probiert verschiedene Spielweisen aus.

❷ Spielt nach.

86　　　　　　　　　　　　　　　　Klang und Spielweise der Boomwhackers kennen lernen.

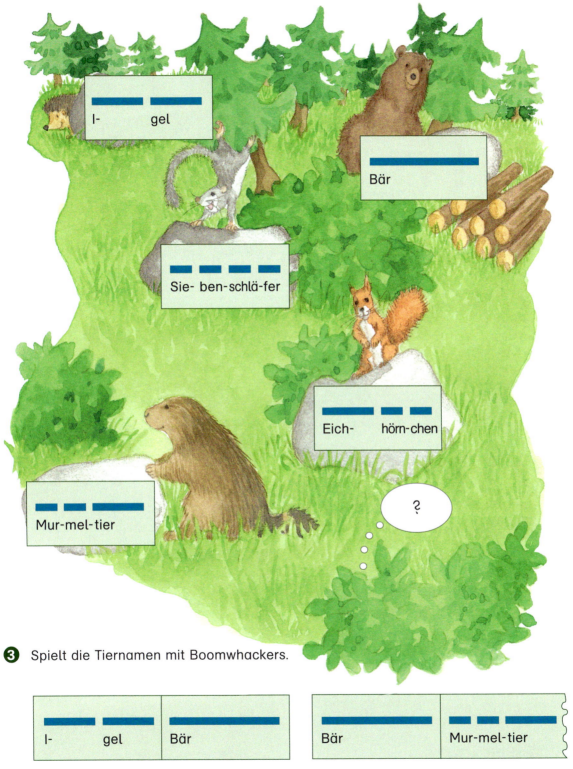

❸ Spielt die Tiernamen mit Boomwhackers.

❹ Domino
Ein Kind gibt einen Rhythmus an seinen Nachbarn im Kreis weiter. Der Nachbar wiederholt den Rhythmus und gibt seinem Nachbarn einen neuen Rhythmus vor.

Rhythmische Bausteine mit Boomwhackers spielen.

Boomwhackers

3/32

Röhren-Song

T + M: Lie Bruns
© Klett

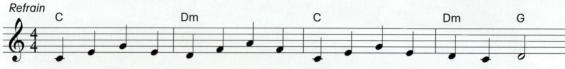

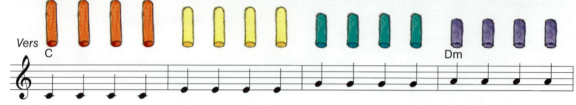

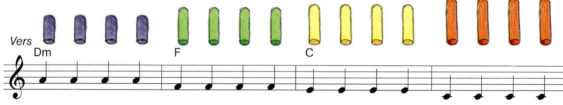

❶ Erfindet weitere Strophen. Mit diesen Boomwhackers könnt ihr sie begleiten.

88   Ein Lied mit Boomwhackers begleiten. Eine neue Liedbegleitung finden.

3/19–20

❷ Begleitet mit diesen vier Tönen das Lied „Zwei kleine Wölfe".

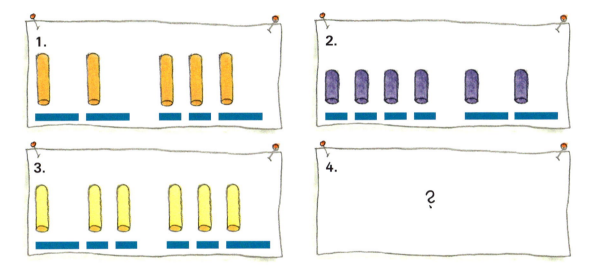

❸ Spielt die Boomwhackerstücke nach. Erfindet einen eigenen Rhythmus.

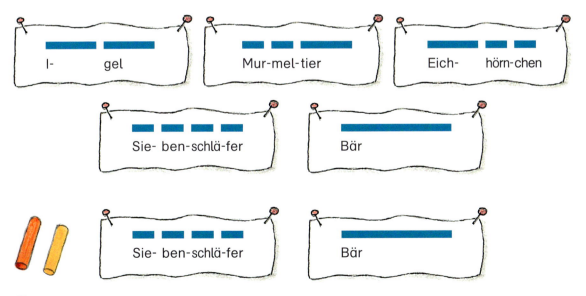

❺ Erfindet ein eigenes Boomwhackerstück. Die Rhythmuskarten helfen euch dabei.

Lieder mit Boomwhackers begleiten. Eigene Boomwhackerstücke erfinden.

Blockflöte

Die Blockflöte

 Die Blockflöte gehört zu den Holzblasinstrumenten.
Sie besteht aus einem Flötenkopf und dem Flötenkörper. Beide Teile werden über einen Zapfen zusammengesteckt.

Freizeichen: Blase ein langes „Düüüüüüü"

Rufzeichen: „düüü – düüü"

Besetzt: „düd – düd – düd – düd – düd"

❷ Spiele das Telefonspiel.

90 Aufbau der Blockflöte, Atemführung und Ansatz kennen lernen.

Durch Öffnen und Schließen des Flötenkopfes kannst du die Tonhöhe verändern.

❸ Spiele Wellen.

❹ Finde Klangzeichen, mit denen man die Wellen aufschreiben kann.

❺ Wie klingen die Bilder? Spiele.

Unterschiedliche Tonhöhen und -längen spielen. Grafische Notationsformen finden.

Blockflöte

4/35

❶ Balanciere die Flöte auf deinem Daumen.
Blase dann vorsichtig in die Flöte und spiele:

Lange Töne   düüüüü
Kurze Töne   düd – düd

❷ Singe und spiele.

❸ Spiele die Namen deiner Mitschüler.

❹ Spiele die Rhythmen.

❺ Wie klingen diese Blumen? Spiele.

Haltung der Flöte üben. Rhythmische Bausteine spielen.

Der Ton a

 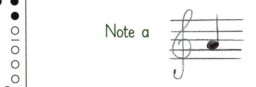

Note a

4/36

Ap- fel- mus, Ap- fel- mus, ich mag so gern Ap- fel- mus!

3/33

Der Ton c

Note c

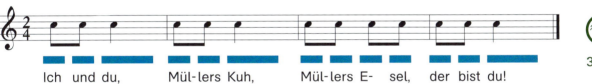

4/37

Ich und du, Mül-lers Kuh, Mül-lers E- sel, der bist du!

3/34

Der Ton d

Note d

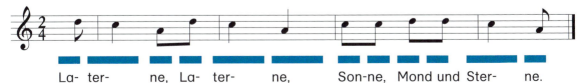

4/38

La- ter- ne, La- ter- ne, Son-ne, Mond und Ster- ne.

3/35

Töne a, c und d kennenlernen und auf der Flöte spielen.

Blockflöte

Die Töne h und g

4/39

Note h

Note g

Nikolauslied

T + M: Manuela Kögel
© Klett

3/36

Ni - ko - laus, Ni - ko - laus, denk dir mal was Schö - nes aus.
Oh wie fein, oh wie fein, viel passt in den Stie - fel rein.

Räuberlied

T + M: Manuela Kögel
© Klett

3/37

Zwan - zig wil - de Räu - ber ja - gen heu - te durch den Wald,

sin - gen Räu - ber - lie - der, dass es rich - tig schallt!

Spiel zu zweit

T + M: Manuela Kögel
© Klett

3/38

Kommst du mit zum Fa - sching? Ja, ich geh' als Räu - ber - braut!
Ja, ich geh' als Spi - der - man!

94 Lieder im Fünftonraum singen und auf der Blockflöte spielen.

Hänsel und Gretel

T + M: mündlich überliefert

Hän - sel und Gre - tel ver - irr - ten sich im Wald.
Es war so fins - ter und auch so bit - ter - kalt. Sie
ka - men an ein Häus - chen von Pfef - fer - ku - chen fein.
Wer mag der Herr wohl von die - sem Häus - chen sein?

3/39
4/40

Jingle Bells

T: Verfasser unbekannt
M: mündlich überliefert

Refrain

Jin - gle Bells, Jin - gle Bells, hörst du wie das klingt? Das kann nur der Schlit - ten sein, der
Weih - nachts - freu - den bringt. Hey! Jin - gle Bells, Jin - gle Bells, hör dir das mal an!
Gleich ist schon der Schlit - ten da mit un - serm Weih - nachts - mann.

3/40

Bekannte Lieder auf der Blockflöte spielen.

Die Gitarrengriffe

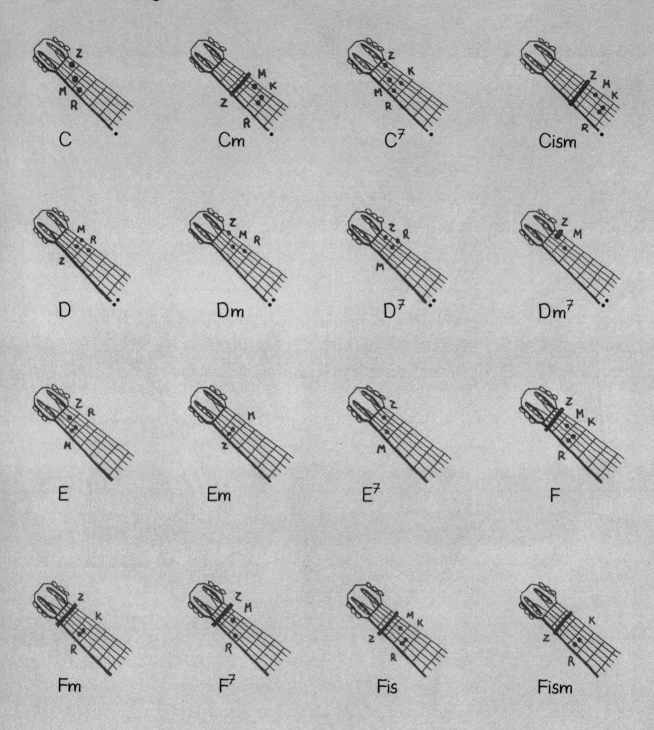

Z = Zeigefinger
M = Mittelfinger
R = Ringfinger
K = Kleiner Finger
• = Diese Saite wird nicht angespielt.